BEI GRIN MACHT SICH IHR WISSEN BEZAHLT

Betriebswirtschaftliche Grundlagen des Compliance Managements. Agenturtheorie, Corporate Governance, Compliance (Management), Whistleblowing, Rechtsrahmen

Tim Kleforn

Bibliografische Information der Deutschen Nationalbibliothek:

Die Deutsche Nationalbibliothek verzeichnet diese Publikation in der Deutschen Nationalbibliografie; detaillierte bibliografische Daten sind im Internet über http://dnb.d-nb.de abrufbar.

ISBN: 9783346852274
Dieses Buch ist auch als E-Book erhältlich.

© GRIN Publishing GmbH
Nymphenburger Straße 86
80636 München

Druck und Bindung: Books on Demand GmbH, Norderstedt Germany
Gedruckt auf säurefreiem Papier aus verantwortungsvollen Quellen

Das vorliegende Werk wurde sorgfältig erarbeitet. Dennoch übernehmen Autoren und Verlag für die Richtigkeit von Angaben, Hinweisen, Links und Ratschlägen sowie eventuelle Druckfehler keine Haftung.

Das Buch bei GRIN: https://www.grin.com/document/1347804

SRH Fernhochschule - The Mobile University

Studiengang: MBA (SUM)

Modul: Betriebswirtschaftliche Grundlagen
des Compliance Management

Einsendeaufgabe

Alternative A

**Agenturtheorie, Corporate Governance, Compliance
(Management), Whistleblowing, Rechtsrahmen**

Vorgelegt von:

Moritz Tim Alexander Kleforn

Fachsemester: 4

Hochgeladen am 01.03.2023

Inhaltsverzeichnis

Abkürzungsverzeichnis

Abbildungsverzeichnis

1 Agenturtheorie, Compliance, Corporate Governance

Agenturtheorie

Die Agenturtheorie (oder Prinzipal-Agenten-Theorie bzw. Agency-Theorie), die eine und die wichtigste Theorie der neuen Institutionsökonomik ist,[1] beschäftigt sich mit der Beziehung zw. mind. einem Auftraggeber (Prinzipal) und mind. einem Auftragnehmer (Agent),[2] die definiert werden kann „… as a contract under which one or more persons (the principal(s)) engage another person (the agent) to perform some service on their behalf which involves delegating some decision making authority to the agent."[3] Hierbei beauftragt die Prinzipal-Seite die Agenten-Seite mit der Ausführung bestimmter Handlungen, die sie selbst nicht direkt und dauerhaft beobachten kann[4] weshalb es nicht selten zu Interessenkonflikte und Informationsasymmetrien kommt.[5] So gibt es hinsichtlich der Informationsasymmetrien vorvertraglich die Hidden Characteristics, bei denen es um fehlende Qualifikationen und um die Eigenschaften des Agenten geht, was für den Prinzipal die Gefahr der adversen Selektion bedeutet (Vertragsinhalte zielen auf durchschnittlichen Agententyp an) sowie die Hidden Intention, welche insinuiert, dass der Agent vor Vertragsabschluss wahre bzw. opportunistische Absichten verbergen kann, wodurch das Risiko des sog. Hold-up (Überfall) besteht.[6] Nach dem Vertragsabschluss ergeben sich zudem die Hidden Information, welche besagt, dass der Agent einen Informationsvorsprung hat, wodurch der Prinzipal nicht beurteilen kann, ob die Arbeitsleistung bzw. das Ergebnis optimal ist, und für ihn schädliche Informationen zurückhält sowie die Hidden Action, welche besagt, dass der Agent gegen das Interesse des Prinzipals unbeobachtet handelt bzw. dass der Prinzipal zwar das Ergebnis beobachten, dafür aber nicht die dafür getane Agentenarbeit beurteilen kann, welche das Risiko des sog. Moral Hazard (Agent nutzt nach Vertragsabschluss die Informationsasymmetrie zu opportunistischem Verhalten) birgt.[7]

Corporate Governance

Der Begriff Corporate Governance (CG) ist seit den 2000ern weitläufig bekannt, viel diskutiert und hat hinsichtlich seines Ursprungs literarische Differenzen, so sei beispielhaft

---

[1] Vgl. *Berwanger/Hahn* (2020), S. 23; *Hansch* (2021), S. 19; *Hiller* (2019), S. 21; *Kreipl* (2020), S. 45; *Mondello* (2022), S. 67.
[2] Vgl. *Hansch* (2021), S. 15; *Kreipl* (2020), S. 47; *Mondello* (2022), S. 67–68.
[3] *Jensen/Meckling* (1976), S. 308.
[4] Vgl. *Hiller* (2019), S. 19; *Koch* (2022), S. 16; *Mondello* (2022), S. 56.
[5] Vgl. *Hansch* (2021), S. 15-16, 19; *Helmold* et al. (2020), S. 36, 61; *Kreipl* (2020), S. 47, 53.
[6] Vgl. *Graeff/Steßl* (2017), S. 149; *Hansch* (2021), S. 16-17, 20; *Kreipl* (2020), S. 48–50.
[7] Vgl. *Berwanger/Hahn* (2020), S. 24; *Graeff/Steßl* (2017), S. 149; *Hansch* (2021), S. 16–17, 20-21; *Hiller* (2019), S. 21; *Kreipl* (2020), S. 48–50.

die Version erwähnt, dass der Begriff dem angelsächsischen Sprachraum entstand und sich als betriebliche (corporate) Steuerung (governance) ins Deutsche übersetzten lässt, wobei das Synonym ‚Unternehmensführung' gängig ist.[8] Auch in Bezug auf eine anerkannte Definition hat sich eine ebensolche bis zum heutigen Tag nicht gebildet;[9] vielmehr ist das Grundverständnis von CG in den letzten Jahrzehnten durch verschiedene Fachdisziplinen (bspw. Finanz- und Rechnungswesen, Wirtschaft, Management und Recht), kulturelle Einflüsse,[10] die mit der CG verbundenen Theorien sowie der operativen, finanzökomischen, Stakeholder-, Beziehungs- und gesellschaftlichen Perspektive, beeinflusst.[11] So sei exemplarisch die als weitreichend geltende Definition von Cadbury aufgeführt, bevor sich umschreibend der Begrifflichkeit angenähert wird: „Corporate governance is concerned with holding the balance between economic and social goals and between individual and communal goals. The governance framework is there to encourage the efficient use of resources and equally to require accountability for the stewardship of those resources. The aim is to align as nearly as possible the interests of individuals, corporations, and society."[12]

CG umfasst das gesamte System der Leitung und der Überwachung eines Unternehmens.[13] Damit Transparenz, Vertrauen, Effizienz und Effektivität gefördert wird, sollen Rahmenbedingungen bzw. Richtlinien, die von dem Gesetzgeber, den Eigentümern, den Mitarbeitern, dem Aufsichts- oder Verwaltungsrat oder den Geschäftspartnern gesetzt werden, verwendet werden.[14] Ebendiese dienen sodann dazu um Regeln, Prinzipien, Verfahren und Strukturen festzulegen und klären die Frage wie mit Risiken umzugehen ist.[15] Ihre zentralen Elemente (inkl. die einer guten Governance) sind die Unternehmensverfassung, die Strukturen und Prozesse der Unternehmensführung, die Regelwerke für ein internes Kontrollsystem, der Anreiz und die Motivationsstrukturen sowie die Vergütung von Geschäftsleitung und Aufsichtsgremien sowie dessen Strukturen, Kodizes sowie der Regelungen zur Publizität und Inhalt von Unternehmensinformationen an die Stakeholder.[16]

---

[8] Vgl. *Glaser* (2022), S. 38; ähnliche Herleitung: *Hansch* (2021), S. 2.

[9] Vgl. *Mallin* (2013), S. 16; *Stiglbauer* (2010), S. 9.

[10] Vgl. *Mallin* (2013), S. 15.

[11] Vgl. *Glaser* (2022), S. 39–43; *Stiglbauer* (2010), S. 10; *Shleifer/Vishny* (1997), S. 737; *Monks/Minow* (2011), S. 252; *Mallin* (2013), S. 15.

[12] *Cadbury* (2000), S. 4.

[13] Vgl. *Bodenstein/Herget* (2022), S. 3; *Regierungskommission* (2022), S. 2.

[14] Vgl. *Glaser* (2022), S. 44; *Hansch* (2021), S. 3.

[15] Vgl. *Bodenstein/Herget* (2022), S. 3–4; *Glaser* (2022), S. 4; *Hiller* (2019), S. 16.

[16] Vgl. *Ahrend* (2022), S. 469; *Bergmann/Bungert* (2022), S. 31.

Compliance

Der begriffliche Ursprung von Compliance (‚to comply (with)' = einhalten, erfüllen, über-einstimmen mit)[17] wird dem angloamerikanischen Sprachraum[18] und im Besonderen dem US-amerikanischen Recht zugeordnet, welches in erster Linie zunächst als Diszipli-nierungsmittel der Anteilseigner gegenüber dem Management geschaffen wurde bevor es auf das rechtmäßige Verhalten aller Unternehmensbeteiligten ausgeweitet wurde.[19] Dieser Wandel des Begriffsverständnisses hat sodann dazu geführt, dass es keine all-gemein anerkannte Definition gibt.[20] Auch die Frage nach dem Ziel von Compliance-Maßnahmen kann universell nicht beantwortet werden, da es auf den jeweiligen internen Blickwinkel (Haftungsrisiken oder Prävention) ankommt.[21] Eine ebensolch fehlende Ant-wort, auf die Frage, wie Compliance funktionieren soll und welche Anforderungen es haben soll, findet sich nicht komprimiert und universell.[22] So sie beispielhaft folgende Definition aufgeführt, bevor darauffolgend der Compliance-Ansatz umschrieben wird: „... Compliance ... [ist] die Gesamtheit aller Maßnahmen zur Gewährleistung der Einhaltung rechtlicher Gebote und des Nichtverstoßens gegen gesetzliche Verbote durch Unterneh-men, Organmitglieder und Mitarbeiter."[23]

Compliance hat sich von einer Nische der Rechts-Spezialisten zu einer Kernaufgabe des Top-Managements[24] entwickelt, welches alle (organisatorischen) Maßnahmen umfasst, die dazu dienen, ein recht- und ordnungsmäßiges Verhalten aller Mitarbeiter sicherzu-stellen, was alle Unternehmensbereiche[25] und die Wertschöpfungskette einschließt.[26] Damit dies eintrifft, muss Compliance relevante Rechtsrahmen, evtl. Änderungen daran und Risiken bei Nichteinhaltung identifizieren und bewerten sowie die Einhaltung von organisationsinternen Normen und ethischen Richtlinien und Werten im Blick haben.[27] Dies geschieht durch die Kernfunktionen: Krisenreaktion, Prävention und Aufklärung,[28]

---

[17] Vgl. *Rudkowski* (2022), S. 1; *Weber* (2016), S. 4; *Zubrod* (2018), S. 142.
[18] Vgl. *Glaser* (2022), S. 5; *Krämer* (2020), S. 445.
[19] Vgl. *Krämer* (2020), S. 445; *Kreßel* (2018), S. 841; zitiert nach *Hiller* (2019), S. 10; *Schwartz/Seitz* (2014), S. 286–287; *Theusinger, I./Jung, O.* (2018), Rn. 2; *Vetter* (2008), S. 31.
[20] Vgl. *Vetter* (2008), S. 31.
[21] Vgl. *Kölbel* (2014).
[22] Vgl. *Cappel/Hund* (2022), S. 416.
[23] *Zöllner/Noack* (2017), Rn. 66.
[24] Vgl. *Hölters* (2017), Rn. 91.
[25] Vgl. *Haasler* (2019), S. 158.
[26] Vgl. *Glaser* (2022), S. 5; *Haasler* (2019), S. 157; *Hiller* (2019), S. 11; *Krämer* (2020), S. 445; *Kreipl* (2020), S. 131, 141; *Rudkowski* (2022), S. 1; *Schmiedeknecht* (2018), S. 160; *Schwartz/Seitz* (2014), S. 286–287; *Vetter* (2008), S. 31; *Weber* (2016), S. 10.
[27] Vgl. *Bendel* (2022), S. 48; *Hansch* (2021), S. 110; *Hiller* (2019), S. 9, 11; *Kreipl* (2020), S. 130; *Weber* (2016), S. 4–5.
[28] Vgl. *Hansch* (2021), S. 115; *Kreipl* (2020), S. 133.

zu denen jedoch auch noch die Ausgestaltung eines geeigneten Regelsystem zählt[29] und pauschal dazu beitragen soll, negative Folgen für der Unternehmen zu vermeiden[30] sowie das Vertrauen von Geschäftspartner, Marktteilnehmern und Mitarbeitern zu stärken.[31] Hierbei sei erwähnt, dass es keine Pflicht zu deren Einrichtung gibt,[32] außerdem können sich deren Anforderungen aufgrund individueller unternehmerischer Gegebenheiten stark unterscheiden.[33]

Zusammenhang

Um der Frage nach dem Zusammenhang zw. Agency-Theorie, CG und Compliance nachzugehen werden Eigenschaften und Zwecke ebendieser kurz dargestellt:

Die Agency-Theorie, die im Groß die „Probleme, die durch die Trennung von Eigentum und Entscheidungsmacht bei einer Aktiengesellschaft im Fall eines fehlenden Interessensgleichlaufs zw. Manager und Aktionären entstehen können"[34] darstellt, bietet als Werkzeuge insb. Anreiz-, Kontroll- und Informationssysteme an[35] um Informations- und Interessenasymmetrie zu begegnen.

Die CG, „welche den Fokus auf die Beziehungen zw. Eigentümer und Unternehmensleitung l[i]egt"[36], hat als zentrale Elemente bspw. die Regelwerke für ein internes Kontrollsystem sowie Anreiz- und Motivationsstrukturen[37] und umfasst alle „gesetzliche[n] Regeln und anerkannte Standards sorgfältiger Unternehmensführung."[38]

Compliance hat die Aufgabe, ein recht- und ordnungsmäßiges Verhalten aller Mitarbeiter sicherzustellen,[39] wofür es sich mit Rechtsrahmen, Normen, ethische Richtlinien und Werte behilft.[40]

Die Beobachtungen machen sodann deutlich, dass die Agency-Theorie ein Bestandteil der CG ist, bzw. dass sich CG mit dessen Problematik befasst, da Eigentum und Entscheidungsmacht bzw. die damit verbundene Beziehung zw. Arbeitgeber[41] und -nehmer ebenso beidseitig thematisiert werden, wie Anreiz-, Kontroll- und Informationssysteme, durch welche das CG der Agency-Theorie entgegnen soll. So haben Monks und Mincow

---

[29] Vgl. *Hölters* (2017), Rn. 91.
[30] Vgl. *Glaser* (2022), S. 5; *Rudkowski* (2022), S. 1.
[31] Vgl. *Hölters* (2017), Rn. 91.
[32] Vgl. *Hölters* (2017), Rn. 92.
[33] Vgl. *Hiller* (2019), S. 11.
[34] *Schenz/Eberhartinger* (2004), S. 34.
[35] Vgl. *Hansch* (2021), S. 16–17; *Kreipl* (2020), S. 50-51, 152; *Mondello* (2022), S. 56.
[36] *Mondello* (2022), S. 71.
[37] Vgl. *Ahrend* (2022), S. 469; *Bergmann/Bungert* (2022), S. 31.
[38] *Stiglbauer* (2010), S. 9.
[39] Vgl. *Haasler* (2019), S. 158.
[40] Vgl. *Bendel* (2022), S. 48; *Hansch* (2021), S. 110; *Hiller* (2019), S. 9, 11; *Kreipl* (2020), S. 130; *Weber* (2016), S. 4–5.
[41] Vgl. *Hansch* (2021), S. 3.

(2011) folgende CG-Definition unter Fokussierung der Agency-Theorie verfasst: „The strength – and indeed the survival – of any corporation depend on a balance of two distinct powers: the power of those who own the firm and the power of those who run it."[42]

Zu einem ähnlichen Ergebnis kann bei der Gegenüberstellung der Agency-Theorie und Compliance festgestellt werden, da sich die Asymmetrien der Agency-Theorie und die Aufgabe von Compliance, ein recht- und ordnungsmäßiges Verhalten aller Mitarbeiter sicherzustellen, tangieren.

Hinsichtlich des Zusammenhangs zw. Compliance und CG lässt sich konstatieren, dass Compliance bei der Aufgabe den Rechtsrahmen u. ä. anwendet, während CG darüber-hinausgehend für die strukturelle Umsetzung verantwortlich ist. Sodann ist Compliance ein Bestandteil der CG,[43] mit dem Wechselwirkungen bestehen.[44]

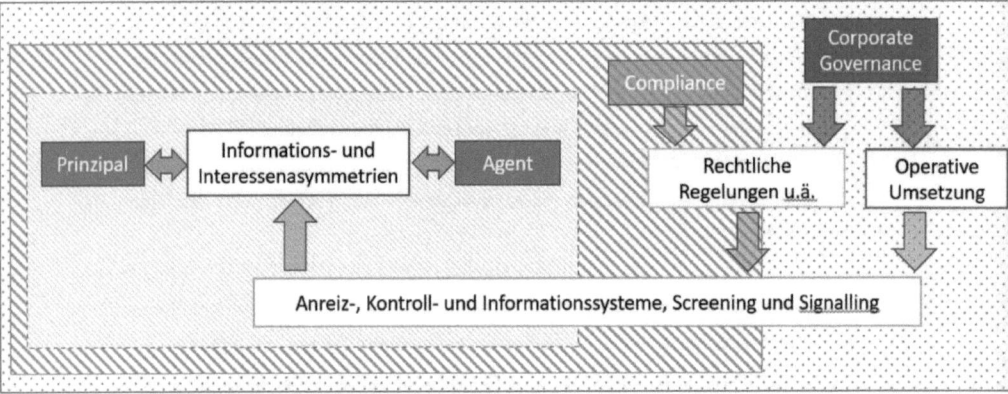

Abb. 1: Zusammenhang und Zusammenspiel von Agency-Theorie, Compliance und Corporate Governance
(Quelle: Eigene Darstellung)

---

[42] *Monks/Minow* (2011), S. 252.
[43] Vgl. *Glaser* (2022), S. 5; *Hiller* (2019), S. 19; *Regierungskommission* (2022), S. 4; *Weber* (2016), S. 3.
[44] Vgl. *Glaser* (2022), S. 5.

2 Compliance Management

Das **Compliance Management (CM)** ist ein strukturierter Aufbau von internen Regeln und Richtlinien, die von allen Unternehmensmitarbeitern eingehalten werden sollen, zudem sichert es die Gesetztestreue und gibt einen Handlungsrahmen für soziale und ethische Normen.[45] Es soll dabei helfen, die richtigen Regeln zu erkennen bzw. einzuführen und die Regeltreue systematisch zu fördern,[46] mit dem Ziel Fehlverhalten zu vermeiden bzw. früh zu erkennen.[47] Damit dies eintreffen kann, beruht es auf einem proaktiven Vorgehen der Leitung, in dem diese ein umfassendes Konzept entwickelt und umsetzt,[48] zudem erfordert es die simultane Einbindung des Vierklangs von rechtlichen Regelungen, betriebswirtschaftlichen Prozessen, ethischen Werten und psychologischen Strukturen.[49] Des Weiteren ist eine systematische Überwachung und Kontrolle für ein wirksames CM entscheidend, welche in erster Linie der Geschäftsleitung obliegt.[50] Unterstützende Funktion hat hierbei das Compliance Management System (CMS),[51] deren Aufbau dem Dreiklang von Konzeption, Implementierung und Kontrolle folgt.[52]

Der soeben mehrmals erwähnte wichtige Aspekt der Kontrolle und Prüfung, wird sodann durch das Three Lines of Defence Modell (TLoDM), das Hinweisgebersystem und die Prüfungen nach IDW PS 980 (um das CMS zu prüfen) näher beleuchtet.[53]

Three Lines of Defense Modell

Das TLoDM (vgl. Abb. 2), welches durch das Institute of Internal Auditors veröffentlicht wurde, bietet einen Ordnungsrahmen für ein ganzheitliches Management System in den Bereichen Governance, Risiko- und Qualitätsmanagement sowie Compliance.[54] Das Modell kann unabhängig von Branche oder Unternehmensgröße eingesetzt und als allgemeingültiger Handlungsrahmen verstanden werden.[55] Der Kern besteht aus der Gliederung von Unternehmensfunktionen, die der Steuerung der Risiken dienen und auf drei

---

[45] Vgl. *Hansch* (2021), S. 110; *Kreipl* (2020), S. 93, 128, 132.
[46] Vgl. *Bendel* (2022), S. 48.
[47] Vgl. *Kreipl* (2020), S. 209.
[48] Vgl. *Kreipl* (2020), S. 132.
[49] Vgl. *Bachmann/Fechner* (2014), S. 7–10.
[50] Vgl. *Schulz* (2017), S. 45.
[51] Vgl. *Kreipl* (2020), S. 128.
[52] Vgl. *Weber* (2016), S. 15.
[53] Vgl. *Hiller* (2019), S. 45; *Kreipl* (2020), S. 158; *Schuster/Rapp* (2016), S. 31; *Weber* (2016), S. 19.
[54] Vgl. *Hansch* (2021), S. 117–118; *Kreipl* (2020), S. 22, 87, 90; *Luburic* et al. (2015), S. 245.
[55] Vgl. *Kreipl* (2020), S. 88.

sich abstufenden[56] und parallellaufenden[57] Verteidigungslinien beruht.[58] Die damit be-
zweckte Vermittlung an Transparenz und Sicherheit wird durch eine Reihe von Akteuren
(Personen mit einer Leitungsfunktion in den Bereichen: Controlling, CM, IT, Facility Management etc.) versucht zu vermitteln, die gemeinsam Verantwortung und Rechen-
schaftspflicht ablegen und somit durch ihre Integration, die dazu führt, dass sie die Pro-
zessrisiken kennen und beheben können, zu einer Verringerungen des inhärenten Risi-
kos beitragen.[59] Untermauert wird dies zudem durch die Berichtspflicht an Top-Management, Vorstand bzw. Unternehmensführung (zudem für die konzeptionelle Entwerfung
und Implementierung sowie Überwachung verantwortlich) und Aufsichtsrat (finale Über-
wachungsfunktion), je nach entsprechender Verteidigungslinie.[60]

Die bereits erwähnten Verteidigungslinien, welche das operatives und strategische Controlling, strategische Steuerung, Risikomanagement, Qualitätsmanagement, IT-Sicher-
heit, betriebliche Sicherheit/Werkschutz und internes Audit als Elemente aufweisen,[61]
werden im Folgenden vorgestellt.

In der **ersten Verteidigungslinie** sieht sich das operative Management[62] im Tagesge-
schäft mit unternehmerischen Risiken konfrontiert, welche es möglichst früh erkennen
und analysieren sowie effektive Kontrollmaßnahmen im Wertschöpfungsprozess einrichten sollte.[63] So werden ihnen die Kernaufgaben des Risikomanagements, v. a. die
Durchführung der Maßnahmen zur Risikosteuerung sowie die Risikoidentifikation, -ana-
lyse und -bewertung, zuteil,[64] dies sie mittels dem interne Kontrollsystem[65] und persön-
liche Kontrollen (Aufsicht des Vorgesetzten) bewerkstelligen.[66] Die ausgeführten Aufgaben beziehen sich dabei auf Abstimmungsprüfungen, Funktionstrennungen, Review-
und Bewertungstätigkeiten, Ablaufplanungen, Vergütungssysteme, Wertesysteme und
andere Steuerungsinstrumente.[67] Die eingesetzten Mitarbeiter gehören zu den Top-Management Zirkeln, die häufig für corporate crime,[68] verantwortlich sind.[69]

---

[56] Vgl. *Behringer* (2022), S. 181.
[57] Vgl. *Luburic* et al. (2015), S. 245.
[58] Vgl. *Hansch* (2021), S. 117.
[59] Vgl. *Kreipl* (2020), S. 88–89.
[60] Vgl. *Behringer* (2022), S. 182-183, 187-188; *Hansch* (2021), S. 117-118; *Schuchter* (2017), S. 20; *Schuster/Rapp* (2016), S. 30.
[61] Vgl. *Kreipl* (2020), S. 91–94.
[62] Vgl. *Berwanger/Hahn* (2020), S. 29.
[63] Vgl. *Hansch* (2021), S. 117; *Schuster/Rapp* (2016), S. 53.
[64] Vgl. *Hansch* (2021), S. 118.
[65] Vgl. *Kreipl* (2020), S. 90–91.
[66] Vgl. *Behringer* (2022), S. 181-182; *Schuchter* (2017), S. 19.
[67] Vgl. *Schuchter* (2017), S. 19.
[68] Delikte, die im vermeintlichen Interesse des Unternehmens stattfinden.
[69] Vgl. *Behringer* (2022), S. 181-182.

In der **zweiten Verteidigungslinie** wird die erste Verteidigungslinie auf sog. dolose Handlungen sowie andere Fehlentwicklungen überwacht, wofür auf Informationen der ersten Linie zurückgegriffen wird woraus eine Verzahnung beider entsteht.[70] Grundsätzlich setzt sich die zweite Verteidigungslinie aus den folgenden strategischen Einheiten zusammen: dem Risikomanagement, dem Controlling, der Qualitätssicherung und dem Sicherheitsmanagement.[71] Zu den Funktionselementen zählen bspw. Meldesysteme, Weiterbildungs- und Sensibilisierungsmaßnahmen.[72] Festegelstelle Risiken werden an das Top-Management bzw. Geschäftsleitung rapportiert.[73]

In der **dritten Verteidigungsline** stellt die interne Revision als prozessunabhängiger Prüferin die Einhaltung der Compliance-Maßnahmen sicher, in dem sie die beiden vorherigen Linien unabhängig – im Besonderen die Risikofrüherkennung – überwacht und auf Effektivität und Effizienz bewertet.[74] Im Unterschied zu den vorgeschalteten Linien findet keine Prozessgestaltung statt.[75] Die Berichterstattung erfolgt nicht nur an den Vorstand bzw. Unternehmensführung, sondern auch an die Aufsichtsorgane.[76]

Flankiert werden diese drei internen Linien von dem externen Part, der von Abschlussprüfern, technischen Prüfern[77] und Regulierungsbehörden (z. B. BaFin) verkörpert wird und meist ausschließlich rechnungslegungsbezogen auftritt. In manchen Quellen werden ebendiese zu der dritten Linie gezählt, während andere sie als eine vierte Verteidigungslinie konzipieren.[78]

---

[70] Vgl. *Hansch* (2021), S. 117; *Kreipl* (2020), S. 91; *Schuchter* (2017), S. 19; *Schuster/Rapp* (2016), S. 53.
[71] Vgl. *Behringer* (2022), S. 182; *Berwanger/Hahn* (2020), S. 29; *Hansch* (2021), S. 118; *Schuchter* (2017), S. 19-20; *Schuster/Rapp* (2016), S. 53.
[72] Vgl. *Schuchter* (2017), S. 20.
[73] Vgl. *Behringer* (2022), S. 182.
[74] Vgl. *Behringer* (2022), S. 182; *Hansch* (2021), S. 118; *Kreipl* (2020), S. 91; *Schuchter* (2017), S. 20; *Schuster/Rapp* (2016), S. 53.
[75] Vgl. *Behringer* (2022), S. 182.
[76] Vgl. *Behringer* (2022), S. 182; *Hansch* (2021), S. 118; *Schuchter* (2017), S. 20.
[77] Vgl. *Berwanger/Hahn* (2020), S. 185.
[78] Vgl. *Berwanger/Hahn* (2020), S. 29; *Hansch* (2021), S. 118; *Schuchter* (2017), S. 20.

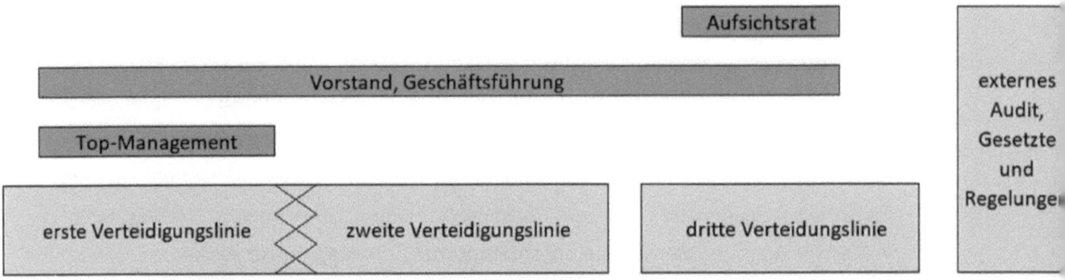

Abb. 2: Das Three Lines of Defense Modell im unternehmerischen Gesamtzusammenhang

(Quelle: Eigene Darstellung, in Anlehnung an Kreipl (2020), S. 90)

Hinweisgebersystem

Nicht selten bedarf es für ein effektives Compliance- und Anti-Fraud-Management der Unterstützung durch Insiderinformationen, wofür ein Prozess eingeführt wird, der es den Mitarbeitern unter Wahrung der Vertraulichkeit ihrer Identität ermöglicht, Compliance-Verstöße an geeignete Stellen zu berichten.[79] Ein solcher Prozess wird durch das Whistleblowing-System ermöglicht, welches damit zur ordnungsgemäßen Geschäftsorganisation gezählt wird.[80] Das Ziel ist es, durch ein effektives Hinweisgebersystem Regelverstöße, illegale oder unethische Handlungen frühzeitig zu erkennen und somit negative unternehmerische Folgen zu verhindern.[81] Besonders erfolgskritisch ist hierbei allerdings die Wahrung der Hinweisgebern vor Mobbing, Ausgrenzung, Kündigung u. ä.[82] Die Integrierung erfolgt meist in einem Code of Conduct,[83] zudem muss die einzurichtende Stellen im Compliance-System verankert werden.[84] Des Weiteren müssen arbeits-, straf- und datenschutzrechtliche Regelungen beachtet werden, in dem u. a. Betriebsrat und Datenschutzbeauftragte mit einbezogen werden.[85] Sodann münden diese Forderungen, zudem auch eine Kulturentwicklung zählt,[86] in einer ‚Good Practice' für Whistleblower-Systeme[87] mit folgenden Elementen: Bewusstseinserzeugung der Mitarbeiter für die Wichtigkeit von Whistleblowing, Einrichtung und Führung von internen Kanälen, Installation einer Software zur Gewährleistung von Vertraulichkeit und internes Training über die vorherigen Punkte.[88]

---

[79] Vgl. *Glaser* (2022), S. 497.
[80] Vgl. *Glaser* (2022), S. 497; *Weber* (2016), S. 14.
[81] Vgl. *Glaser* (2022), S. 491, 497; *Janke* (2015), S. 250; *Zeisel* (2021), S. 32.
[82] Vgl. *Glaser* (2022), S. 493, 497.
[83] Vgl. *Glaser* (2022), S. 498; *Kreipl* (2020), S. 167-168.
[84] Vgl. *Kreipl* (2020), S. 168.
[85] Vgl. *Glaser* (2022), S. 499; *Rudkowski* (2022), S. 21.
[86] Vgl. *Ernst & Young* (2016), S. 42-43.
[87] Vgl. *Kreipl* (2020), S. 168.
[88] Vgl. *Europäische Kommission* (2017), S. 15-16; *Kreipl* (2020), S. 167.

Die systemische Ausgestaltung, ob ein internes oder externes Hinweisgebersystem, orientiert sich am Proportionalitätsgrundsatz und hängt somit von Art, Umfang, Komplexität, Größe, Branche und Risikogehalt der Geschäftstätigkeit ab.[89] Sie obliegt dem Arbeitgeber[90] und kann folgende Anlaufstellen enthalten: Betriebsrat, Belegschaftsvertretung, gesonderte Compliance- und/oder Anti-Korruptionsbeauftragte, Hotlines, zentrale Beschwerdestellen, Strafverfolgungsbehörden, Interessensverbände, Ombudsmänner, Rechtsanwälte, Notare, Wirtschaftsprüfer und internetbasierte Hinweisgebersysteme.[91] Ungeachtet der Wahl der Anlaufstelle, sind die Schritte zum Betreiben eines internen Meldekanals und dessen darauffolgenden Schritte folgende (vgl. Abb. 3): Zunächst wird ein Meldekanal eingerichtet, in dem erörtert wird, ob der Berichtsweg persönlich, schriftlich, telefonisch oder elektronisch zu sein hat. Des Weiteren wird der Empfänger festgelegt und die Entscheidung hinsichtlich anonym oder offene Berichterstattung getroffen. Im Anschluss daran wird die Ansprechperson bestimmt bevor eine weitere Festlegung hinsichtlich der Reaktionsweisen inkl. Rückkopplungen erfolgt. Dies geschieht, in dem der zeitliche Reaktionsrahmen auf Hinweise festgelegt und die Vorgehensweise bei der Aufklärung gestaltet wird. Im vierten Schritt erfolgt sodann die Festlegung der Schutzmechanismen für Whistleblower, in dem die Kontrolle der Einhaltung von Schutzmechanismen geregelt wird und Aufklärung via Schulungen über Schutzmechanismen erfolgen. Finalisiert wird die Einrichtung durch interne und externe Kommunikation des Meldekanals, bspw. durch Schulungen und Meetings mit Geschäftspartnern.[92]

| Melde-kanal einrichten | Ansprech-partner festlegen | Reaktionsweisen inkl. Rückkopp-lungen zum Hinweisgeber festlegen | Schutzmechanismen für Hinweisgeber festlegen | Interne und externe Kommunikation des Meldekanals |

Abb. 3: Installationsablauf eines internen Meldekanals
(Quelle: Eigene Darstellung)

Sollte sodann der interne Kanal eingerichtet sein, geht eine interne Meldung durch eine hinweisgebende Person ein, worauf eine Eingangsbestätigung und die Prüfung der Meldung erfolgen, Kontakt mit der hinweisgebenden Person gehalten wird und ggf. weitere Informationen eingeholten werden. Im Anschluss daran werden im Ernstfalls Folgemaßnahmen ergriffen, wie z. B. die Durchführung interner Untersuchungen und Kontaktierung do-loser Personen sowie die Einstellung der Untersuchung oder die Abgabe des

---

[89] Vgl. *Glaser* (2022), S. 497; *Janke* (2015), S. 250.
[90] Vgl. *Abeln* (2019), S. 174.
[91] Vgl. *Abeln* (2019), S. 174; *Glaser* (2022), S. 493, 498; *Grabosch/Scheper* (2015), S. 56-57; *Methner/Reiter* (2018), S. 56.
[92] Vgl. *Kreipl* (2020), S. 166.

Verfahrens an eine zuständige Behörde. Zu guter Letzt wird die interne Meldestelle der hinweisgebende Person Rückmeldung geben (vgl. Abb. 4).[93]

| Interne Meldung durch hinweisgebende Person geht ein | Eingangsbestätigung der internen Meldestelle | Kontakthaltung, Prüfung, weitere Informationen | Ergreifen von Folgemaßnahmen | Rückmeldung der internen Meldestelle an hinweisgebende Person |

Abb. 4: Ablauf einer internen Meldung
(Quelle: Eigene Darstellung)

CMS-Prüfungen nach IDW PS 980

Schließlich muss auch die Umsetzung in ein CMS kontrolliert werden, wofür IDW PS 980 mittels drei Prüfungsarten Hilfestellung gibt (vgl. Abb.5), und durch eine interne oder externe neutrale Instanz erfolgt. So gibt es die Konzeptionsprüfung, die die etablierten CMS-Grundsätze dahingehend untersucht, ob ebendiese eine Aussage über die wesentlichen CMS-Elemente ermöglichen. Es geht also um die Frage, ob die CMS-Beschreibung und -Konzeption die Grundelemente vollständig und zutreffend abdeckt und ob die CMS-Beschreibung allen Beteiligten die Möglichkeit gibt, die Grundelemente zutreffend umzusetzen. Zudem erlaubt diese Prüfung die Aussage, ob die CMS-Beschreibung ausreichend dokumentiert ist. Daneben wird bei der Angemessenheitsprüfung untersucht, ob das CMS eine gesetzeskonforme und sachlich zutreffende Darstellung der Grundelemente aufweist, was durch externe Standards geschehen kann. Die Wirksamkeitsprüfung geht der Frage nach, ob die CMS-Beschreibung hinreichend intern kommuniziert wurde und Beachtung findet, ob die Grundsätze und Maßnahmen des CMS in allen relevanten Belangen zutreffend dargestellt, auf eine Wirksamkeit verweisen sowie zu einem bestimmen Zeitpunkt implementiert und wirksam sind.[94]

| Wirksamkeitsprüfung (Prüfung der Wirksamkeit, Grundsätze und Maßnahmen) | Angemessenheitsprüfung (Beurteilung der Implementierung) | Konzeptionsprüfung (Prüfung der Konzeption) |

Abb. 5: CMS-Prüfungen nach IDW PS 980
(Quelle: Eigene Darstellung)

[93] Vgl. *Rudkowski* (2022), S. 18.
[94] Vgl. *Hiller* (2019), S. 45-46; *Schuster/Rapp* (2016), S. 32-33; *Weber* (2016), S. 12; *Kreipl* (2020), S. 170–171.

3 Whistleblowing, Compliance, Rechtsrahmen

Whistleblowing und dessen Bedeutung für Unternehmen

Der Whistleblowing-Begriff hat einen angloamerikanischen Ursprung und kann bspw. mit ‚die Alarmglocken läuten' übersetzt werden, auch wenn er als Anglizismus ins Deutsche übernommen wurde.[95] Prinzipiell ist der Ausdruck als wertneutral anzusehen, auch wenn damit sowohl negative (bspw. schwärzen, verpfeifen, denunzieren, verraten) als auch positive (bspw. enthüllen, aufdecken, auf Missstände hinweisen) Konnotationen verbunden werden.[96] Im deutschen Sprachraum wurde das neutrale Begriffsäquivalent ‚Hinweisgeber' gefunden, was auch öffentliche Stellen nutzen.[97]

Die wohl am häufigsten verwendete Whistleblowing-Definition[98] geht auf Near und Miceli (1985) zurück, die Whistleblowing als "the disclosure by organization members (current or former) of illegal, immoral or illegitimate practices under the control of their employers, to persons or organizations that may be able to effect action"[99] definieren. Somit beschränken sie sich jedoch nur auf aktuelle oder ehemalige Organisationsmitglieder, sog. Insider, wonach diese Definition, auch wenn sie nach wie vor in aktuellen Studien und Fachbüchern benutzt wird,[100] nicht ausreicht, da es zudem Outsider als Identitätskategorie gibt, die sich bspw. aus Finanzanalysten, Wirtschaftsprüfungsgesellschaften, Journalisten, Politiker, Kunden und Investoren zusammensetzt.[101] Zudem führen unterschiedliche Betrachtungsschwerpunkte zu unterschiedlichen Definitionen. So haben Near und Miceli die Personen im Fokus, während Unternehmensprozesse, juristische Hintergründe und gesellschaftliche Zusammenhänge die weiteren Fokussierungen sein können.[102] Sodann lässt sich summierend konstatieren, dass es bis zum heutigen Tag keine anerkannte auf alle Betrachtungsweisen passende Definition gibt.

Seit den 1980er Jahren hat das Whistleblowing-Thema an wissenschaftliche Aufmerksamkeit gewonnen,[103] auch wenn es zu dieser Zeit als Nischenthema galt[104] und eine

---

[95] Vgl. *Bauer* (2019), S. 33.
[96] Vgl. *Bauer* (2019), S. 34; *Jubb* (1999), S. 77.
[97] Vgl. *Glaser* (2022), S. 496.
[98] Vgl. *Smaili/Arroyo* (2019), S. 97; als Beispiel siehe: *Batolas* et al. (2022); *Keenan* (2002a), S. 79.
[99] *Near/Miceli* (1985), S. 4.
[100] Bspw. *Batolas* et al. (2022); *Vögele/Baudermann* (2016), S. 521.
[101] Vgl. *Smaili/Arroyo* (2019), S. 95, 105.
[102] Vgl. *Arenberg* (2017), S. 67; *Bauer* (2019), S. 35.
[103] Vgl. *Vandekerckhove/Lewis* (2012).
[104] Vgl. *Vandekerckhove* (2021), S. 93.

insb. juristische-legislative und politische Ausrichtung aufwies,[105] der seine Forschungs-
prägung insb. durch den Controlling- und Finanzsektor hatte.[106] Im Laufe der Jahre hat
die Forschung sowohl Studien über den privaten wie öffentlichen Sektor, Berufsgruppen,
Führungskräfte, Organisationsstruktur, Gesetzgebung, Kultur, Entscheidungsfindung
und Risiko sowie organisatorische und intrapersonelle Variablen vorzuweisen.[107] Sodann erweiterte sich auch die sich damit beschäftigten Wirtschaftsbereiche durch die
Psychologie, Philosophie und Rechtswissenschaft und Weitere.[108] Des Weiteren kann
die Whistleblowing-Forschung in die zwei folgenden Hauptrichtungen selektiert werden:
Die Fokussierung auf Governance, Strukturen und Verfahren (insb. durch Near und
Miceli (1985) geprägt) und die Fokussierung auf die Art und Weise, wie Whistleblower
ihre Erfahrungen und Kämpfe erleben (insb. durch Alford (2007) geprägt).[109] In der Zwi-
schenzeit gehört Whistleblowing zu den meistdiskutiertesten Themen der wirtschafts-
ethischen Literatur.[110] Near und Miceli merken im Jahr 2005 jedoch an, dass das Interesse der Medien das Wachstum der wissenschaftlichen Forschung zu diesem Thema
überholt.[111]

Prinzipiell kann konstatiert werden, dass Whistleblowing ein komplexes Phänomen ist,
das aus dem Zusammenspiel von individuellen, organisatorischen und situativen Variablen besteht.[112] Entsprechend unterschiedlich kann sodann dessen **Bedeutung** und
Folgewirkung für ein Unternehmen sein, sodass es im negativen Fall bspw. zu Image-
bzw. Reputationsschäden, Verletzungen des Nachhaltigkeitsgebots, Skandalen, Bedro-
hung der Organisationsnormen und -kultur sowie der Autoritätsstruktur, Infragestellen
von Integrität und Kompetenz, Illoyalität, Aufruhr, Schaffung einer dysfunktionalen inner-
betrieblichen Atmosphäre, Strafzahlungen und Gerichtsverfahren kommen und zu signi-
fikanten und existenzgefährdeten ökonomischen, ökologischen und sozialen Folgeschä-
den führen kann.[113] Es kann jedoch auch bedeuten, dass der richtige Umgang und das
richtige Umfeld die soeben aufgeführten Themenfelder abmildert oder verhindert.[114] So
stellt Transparency Deutschland unter Bezugnahme auf nicht näher angegebene internationale Studien fest, dass 50 % der Whistleblowing-Fälle zur Aufdeckung von

---

[105] Vgl. *Singer* et al. (1998), S. 528.
[106] Vgl. *Gao/Brink* (2017), S. 1.
[107] Vgl. *Keenan* (2002b), S. 18.
[108] Vgl. *Gao/Brink* (2017), S. 1.
[109] Vgl. *Alford* (2007); *Near/Miceli* (1985).
[110] Vgl. *Teo/Caspersz* (2011).
[111] Vgl. *Near/Miceli* (2005).
[112] Vgl. *Keenan* (2002b), S. 18.
[113] Vgl. *Bauer* (2019), S. 17, 35; *Miceli/Near* (1992); *Paul/Townsend* (1996), S. 157; *Schellinger*
et al. (2019), S. 3.
[114] Vgl. *Keenan* (1990), S. 223, (2002b), S. 18; *Kenny/Fotaki* (2023), S. 341; *Paul/Townsend*
(1996), S. 158; *Tavakoli* et al. (2003).

Wirtschaftsdelikten beitragen, sodass mögliche Schäden sowie die Dauer bis zur Aufdeckung bedeutend reduziert und die Täter häufiger und zu höheren Strafen verurteilt wurden.[115] Zu einem ähnlichen Ergebnis kommt zudem die Association of Certified Fraud Examiners mit 43 % für das Jahr 2020.[116] Sodann kann es nur im eigenen wirtschaftlichen Interesse eines Unternehmens sein, Whistleblowing zu institutionalisieren,[117] was bspw. durch eine Meldestelle geschieht, die lt. dem Whistleblowing-Report 2021 auch folgende nicht-finanzielle Nutzen hat: Mitarbeiter haben ein besseres Verständnis von Compliance, Prozesse sind verbessert, es gibt eine stärkeres integres Verhalten sowie ein professionelleres Compliance-System und Management.[118] Weitere wichtige Faktoren sind zudem Transparenz[119], Ethikkodizes[120] und die Firmenkultur, sodass Whistleblowing entweder erst gar nicht nötig ist oder im Falle seines Eintritts positiv ins Gewicht fällt. Sodann haben Unternehmen selbst die Wahl, ob sie Whistleblowing als einen wichtigen Multiplikator ansehen, der wertvolle Informationen über ethische Verstöße und organisatorisches Fehlverhalten liefert[121] oder es bekämpfen wollen.

Zusammenhang zwischen Whistleblowing und Compliance

Compliance ist für die Einhaltung von Regeln, Vorschriften, Gesetzen, Standards, Richtlinien sowie einschlägiger Verhaltensregeln zuständig,[122] was es durch die Entwicklung eines internen Systems, bestehend aus Richtlinien, Kontrollen und Maßnahmen zu gewährleisten versucht.[123] Ein damit verbundenes Compliance-Management bietet im Falle seiner Wirksamkeit: Prävention und Förderung von Regeltreue, durch welches es vor Regelverletzungen schützt und Regelkonformität sowie Integrität der Mitarbeiter fördert; Vorsorge bei Non-Compliance, durch welche das Unternehmen im Ganzen bei Compliance-Verstößen vor Strafverfolgung geschützt werden kann; Reputationsschutz und Verbesserung in der Unternehmensorganisation,[124] durch welche das Mitarbeiterengagement steigen und Disziplinarmaßnahmen sinken können.[125] Dafür kann ein Hinweisgebersystem dienlich sein, um regelverstoßende, unethische Verhalten zu verhindern bzw. weniger wahrscheinlich zu machen und um Whistleblowing als Instrument zur

---

[115] Vgl. *Transparency International Deutschland* (2022), S. 4.
[116] Vgl. *Association of Certified Fraud Examiners* (2020), S. 19.
[117] Vgl. *Vinten* (1992), S. 68.
[118] Vgl. *Hauser* et al. (2021), S. 73.
[119] Vgl. *Hauser* et al. (2021), S. 100.
[120] Vgl. *Lee/Fargher* (2013), S. 285.
[121] Vgl. *Kenny/Bushnell* (2020), S. 643.
[122] Vgl. *Singh/Bussen* (2015), S. 4.
[123] Vgl. *Bauer* (2019), S. 11.
[124] Vgl. *Bauer* (2019), S. 15–16.
[125] Vgl. *McNulty* et al. (2013), S. 389.

Verhinderung und Aufdeckung von Fehlverhalten zu verwenden (also die Institutionali-
sierung von Whistleblowing).[126]

Neben der Feststellung dass Whistleblowing für die Aufgaben des Compliance und damit auch der CG nützlich ist, und dass Whistleblowing sowohl negative wie positive Folgen auf Teilbereiche des Compliance hat (z. B. Reputation und Integrität), sei zudem auf
die Begrifflichkeiten und Zusammenhänge von Legalität und Legitimität, Compliance und
Ethik bzw. Moral sowie Motivlagen hingewiesen, die Zusammenhänge zw. Compliance
und Whistleblowing erkennen lassen: So bezieht sich Compliance auf die Legalität während Whistleblowing eher eine Frage der Legitimität ist, wodurch zumindest zunächst ein
Konflikt entstehen kann.[127] Hinsichtlich Compliance und Moral, besteht dahingehend ein
Zusammenhang, als dass unternehmerisches Handeln situative Entscheidungen erfor-
dern kann und die Moral bei Whistleblower-Entscheidungen, so wie es die Definition von
Near und Miceli (1985) zeigt, eine relevante Rolle spielt.[128] Bleibt zudem die Motivlage
für Whistleblowing welche sowohl individuelle als auch altruistische Gründe haben
kann,[129] wonach ein grundsätzlicher Zusammenhang besteht, da beide Bereiche das
Unternehmen verbessern bzw. schützen wollen.

Rechtsrahmen

Als Reaktion auf die Enron- und WordlCom-Skandale wurde in den USA im Jahr 2002
das **Sarbanes- Oxley-Gesetz** eingeführt, welches eine Verschärfung der Sanktionen für
bestimmte Wirtschaftsdelikte, zur Einrichtung eines angemessenen internen Kontrollsys-
tems verpflichten und Vorgaben zum Schutz von Hinweisgebern macht,[130] welches für
alle US-Unternehmen, deren Töchter und an der US-Börse gelisteten Unternehmen gilt.[131]
Im Jahr 2010 führte das **Dodd-Frank-Gesetz** neue Whistleblowing-Bestimmungen ein
und unterstützt die Einführung von Kanälen, außerdem stellt es Hinweisgebern den An-
spruch auf Belohnung in Aussicht, wenn die Information zur Aufdeckung von Verstößen
gegen amerikanische Wertpapiergesetze führt.[132]
Ein entsprechendes europäisches Pendant wurde im Jahr 2018 durch die Richtlinie (EU)
2019/1937 (**Hinweisgeberschutz-Richtlinie (WBRL)**) vorgestellt und im Jahr 2019 be-
schlossen, welche bis zum 17.12.2021 von den Mitgliedsländern in nationales Recht

---

[126] Vgl. *Arenberg* (2017), S. 71–72; *Bauer* (2019), S. 19, 38; *Hiller* (2019), S. 35; *Transparency
International Deutschland* (2022), S. 11.
[127] Vgl. *Hiller* (2019), S. 11.
[128] Vgl. *Hiller* (2019), S. 13.
[129] Vgl. *Paul/Townsend* (1996), S. 153.
[130] Vgl. *Bauer* (2019), S. 36; *Gao* et al. (2015), S. 85; *Martens/Kleinfeld* (2018), S. 6; *Methner/Rei-
ter* (2018), S. 56; *Rohde-Liebenau* (2005), S. 9, 17.
[131] Vgl. *Methner/Reiter* (2018), S. 56; *Rudkowski/Schreiber* (2018), S. 19.
[132] Vgl. *Bauer* (2019), S. 36.

umzumünzen war (Art. 26 Abs. 1 WBRL).[133] Vorausgegangen war die Erkenntnis, dass Whistleblowing in Europe nicht ausreichend geschützt ist, sodass eine umfassende Mindestharmonisierung des Hinweisgeberrechts, mit Auswirkung auf einer Vielzahl unterschiedlicher Rechtsgebiete, erfolgen muss.[134] Um die Zielsetzung, die Hinweisgeber, welche Verstöße gegen EU-Vorschriften bzw. das sog. Unionsrecht[135] melden, besser zu schützen und somit das Meldepotenzial zu erhöhen und ein Hinweisgebersystem effektiver zu gestalten,[136] dienen folgende Punkte:

- Private (ab 50 Mitarbeiter) und öffentliche juristische Personen bzw. die meisten privatwirtschaftlichen Unternehmen müssen Hinweisgeber-Kanäle und eine dreistufiges Meldesystem einrichten sowie in einer angemessenen Zeit mit dem Hinweisgeber kommunizieren (Art. 7-9 WBRL),
- der arbeitsrechtliche Schutz bzw. der Schutz vor Repressalien für den Hinweisgeber muss gewährleistet sein (Art. 4, 6, 19, 21 WBRL),
- es müssen externe Meldekanäle etabliert werden (Art. 10-14 WBRL.), die der Whistleblower gleichberechtigt neben dem internen Kanal nutzen kann
- und es muss ein hinweisgeberspezifisches Sanktionsrecht mit entsprechenden straf- bzw. ordnungswidrigkeitsrechtlichen Konsequenzen etabliert werden (Art. 23 WBRL).[137]

Damit die Richtlinie für alle Unternehmen in Deutschland verbindlich ist,[138] hat der deutsche Gesetzgeber das **Hinweisgeberschutzgesetz** (HinSchG) zur Abstimmung gebracht, da bis dato kein ausreichender Schutz für Whistleblower bestand, der sich bei der bisherigen Rechtsprechung von den Vorgaben des Europäischen Gerichtshofs und der Abwägung zw. Meinungsfreiheit und Arbeitnehmerpflichten – enthalten in Arbeits-, Gesellschafts- und Strafrecht – orientiert.[139] Da jedoch das HinSchG im Februar 2023 durch den Bundesrat abgelehnt wurde und somit bis zu dessen Inkrafttreten der

---

[133] Vgl. *Bauer* (2019), S. 37; *Colneric/Gerdemann* (2020), S. Vorwort, 19-20; *Conrad* (2020), S. 279; *Methner/Reiter* (2018), S. 56; *Rudkowski* (2022), S. 14.

[134] Vgl. *Colneric/Gerdemann* (2020), S. 20.

[135] Folgende Bereiche sind damit gemeint: öffentliches Auftragswesen, Finanzdienstleistungen sowie die Bekämpfung der Geldwäsche und der Terrorismusfinanzierung, Produkt- und Verkehrssicherheit, Umwelt- und Verbraucherschutz, kerntechnische Sicherheit, öffentliche Gesundheit, Lebensmittel- und Futtermittelsicherheit, Tiergesundheit und -schutz, Schutz der Privatsphäre und personenbezogener Daten sowie Sicherheit von Netz und Informationssystemen.

[136] Vgl. *Colneric/Gerdemann* (2020), S. Vorwort, 20.

[137] Vgl. *Colneric/Gerdemann* (2020), S. 21, 25, 38; *Kreipl* (2020), S. 164–166.

[138] Mit Ausnahme für Unternehmen besonders regulierter Wirtschaftszweige (z. B. Unternehmen unter Bankenaufsicht und Versicherungen), die seit 2014 Whistleblowing „unter Wahrung der Vertraulichkeit der Identität" zuzulassen haben (§ 25 KWG, § 29 VAG)

[139] Vgl. *Birker/Würz* (2023); *Colneric/Gerdemann* (2020), S. Vorwort, 19-20, 37, 66; *Fistanic* (2023); *Karami* (2022), S. 44; *Methner/Reiter* (2018), S. 56; *Rohde-Liebenau* (2005), S. 13, 25; *Rudkowski* (2022), S. 14.

bisherige unzureichende Rechtsrahmen für private Arbeitgeber gilt,[140] wird nicht näher auf dessen Inhalt eingegangen, der sich im Groß an der WBRL anlehnt.[141] So wird nun in aller Kürze auf den **derzeitigen deutschen Rechtsrahmen** eingegangen: Whistleblowing muss sich aufgrund eines Loyalitätsverstoßes an den Grundsätzen im Arbeitsverhältnis messen lassen. So gilt das sog. Rücksichtnahmegebot gem. § 241 BGB, was die Anzeige-, und damit auf das allgemeine Vertragsrecht von Nebenleistungspflichten sowie Neben- und Schutzpflichten) abzielt, und Auskunftspflicht des Whistleblowers gegenüber dem Arbeitgeber (nicht dem Vorgesetzten) beinhaltet (vgl. Abb. 6).[142] So kann eine treuwidrige Anzeige (bspw. wenn der Arbeitnehmer ohne vorherigen Versuch, das Fehlverhalten intern zu melden (ausgenommen: wenn der Arbeitnehmer von einer Straftat weiß, durch deren Nichtanzeige er sich strafbar machen würde und wenn der Arbeitsgeber die Straftat selbst begangen hat, von der er evtl. selbst Opfer ist)[143,] den externen Meldeweg beschreitet) gem. § 242 BGB eine Nebenpflichtverletzung bedeuten, was eine Kündigung rechtfertigen und gem. § 826 BGB Schadensersatzforderungen gegenüber dem Arbeitnehmer bedeuten könnte.[144] Jedoch ist eine fristlose Kündigung bei rechtskonformem Whistleblowing nicht möglich, da es die Meinungsfreiheit im Arbeitsverhältnis verletzt[145] und der Arbeitnehmer zudem gem. §§ 241 Abs. 2 BGB, 84 ff. BetrVG und 13 Abs. 1 AGG ein Beschwerderecht hat.[146] Im Falle des erstgenannten Grundes ist das Urteil des Europäischen Gerichtshof aus dem Jahr 2011 schützend, da das in § 612a BGB verankerter Benachteiligungsverbot bis dato zu schwach war.[147] Dieser bereits bestehenden Verbesserung steht jedoch das Beweisrecht, das im geltenden Recht einen besseren Schutz des Hinweisgebers verhindert, beispielhaft gegenüber bzw. bedeutet bis dato für den Hinweisgeber eine weitere Hürde, die jedoch durch das HinSchG bzw. WBRL verbessert werden soll.[148] Hinsichtlich einer Implementierung eines internes Meldesystems sei zudem erwähnt, dass es insb. eine Kollision mit Datenschutzbestimmungen geben kann.[149]

---

[140] Vgl. *Birker/Würz* (2023); *Fistanic* (2023); *Rudkowski* (2022), S. 15.
[141] Hinzugekommen ist der Schutz für hinweisgebende Personen, die Hinweise zu Äußerungen von Beamtinnen und Beamten geben, die einen Verstoß gegen die Pflicht zur Verfassungstreue darstellen.
[142] Vgl. *Rohde-Liebenau* (2005), S. 12; *Rudkowski* (2022), S. 12.
[143] Vgl. *BAG v. 3. 7. 2003 – 2 AZR 235/02 – AuR 2004, S. 427ff.*
[144] Vgl. *Conrad* (2020), S. 279; *Rohde-Liebenau* (2005), S. 30–31; *Weber* (2016), S. 14; *Wolf* (2015), S. 165.
[145] Vgl. BAG, Urteil vom 3.7.2003, NJW 2004, S. 1547 – 1551; EGMR, Urteil vom 21.7.2011, NJW 2011, S. 3501 - 3506
[146] Vgl. *Rudkowski* (2022), S. 14–15.
[147] Vgl. *Janke* (2015), S. 256.
[148] Vgl. *Colneric/Gerdemann* (2020), S. 5; *Rohde-Liebenau* (2005), S. 31–32; *Rudkowski* (2022), S. 15, 159.
[149] Vgl. *Brandt* et al. (2016), S. 367 und zur näheren Betrachtung §§ 4, 7, 28, 32-33 ff. BDSG.

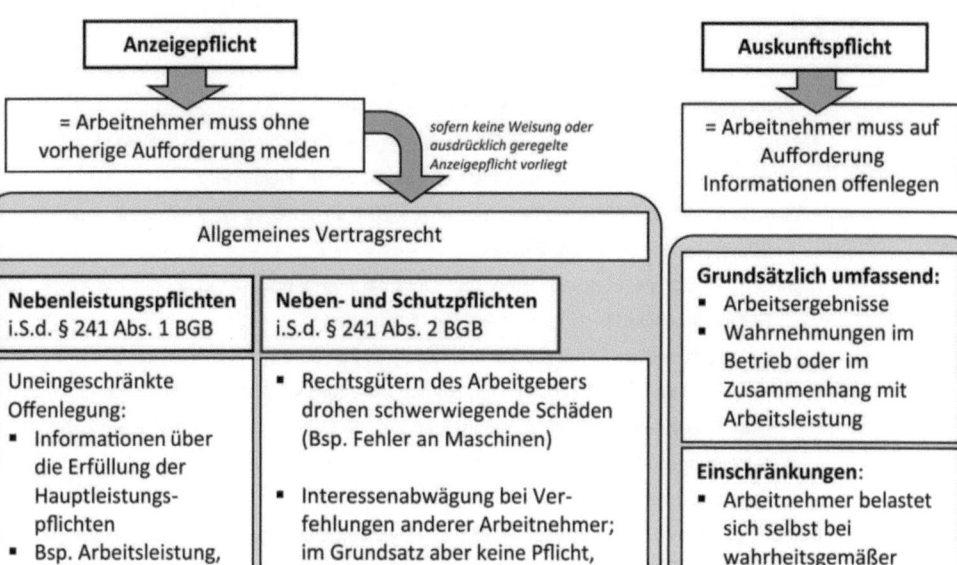

Abb. 6: Melde- und Auskunftspflichten des Arbeitsnehmers gegenüber dem Arbeitgeber

(Quelle: Rudkowski (2022), S. 12)

Literaturverzeichnis

Abeln, C. (Hrsg.) (2019), Handbuch für Führungskräfte. Ein Praxisratgeber in Veränderungsprozessen, 3. Aufl., Wiesbaden, Heidelberg.

Ahrend, K.-M. (2022), Geschäftsmodell Nachhaltigkeit. Ökologische und soziale Innovationen als unternehmerische Chance, 2. Aufl., Berlin, Heidelberg.

Alford, C. F. (2007), Whistle-blower narratives: The experience of choiceless choice, Social Research, Nr. 74, 223–248.

Arenberg, P. (2017), Führung, Ethik und Unternehmenserfolg, Studienbrief der SRH Fernhochschule Riedlingen, 2.Auflage, Riedlingen.

Association of Certified Fraud Examiners (2020), 2020-Report-to-the-Nations, S. 1–88.

Bachmann, S./Fechner, S. (2014), Compliance als interdisziplinäre Herausforderung – Das Augsburger Qualifizierungsmodell. In: *Schettgen-Sarcher, W./Bachmann, S./Schettgen, P.* (Hrsg.), Compliance Officer. Das Augsburger Qualifizierungsmodell, Wiesbaden, S. 3–15.

Batolas, D./Perkovic, S./Mitkidis, P. (2022), Psychological and Hierarchical Closeness as Opposing Factors in Whistleblowing: A Meta-Analysis, Journal of Business and Psychology.

Bauer, T. (2019), Compliance-Management-Systeme und Organisation, Studienbrief der SRH Fernhochschule Riedlingen, 1.Auflage, Riedlingen.

Behringer, S. (2022), Mergers and Acquisitions als Ausgangspunkt und Verschleierungsinstrument illegaler Transaktionen. In: *Karami, B.* (Hrsg.), Skandalfall Wirecard: Eine wissenschaftlichfundierte interdisziplinäre Analyse. Problemaufriss – Rechtsrahmen – Lehren für die Zukunft, Frankfurt a.M., S. 173–200.

Bendel, O. (2022), 450 Keywords Digitalisierung, 2. Aufl., Wiesbaden.

Bergmann, R./Bungert, M. (2022), Strategische Unternehmensführung. Perspektiven, Konzepte, Strategien, 3. Aufl., Berlin, Heidelberg.

Berwanger, J./Hahn, U. (2020), Interne Revision und Compliance. Operative Grundlagen und Recht, Wiesbaden, Heidelberg.

Birker, A.-K./Würz, K. (2023), Hinweisgeberschutzgesetz: Bundesrat verweigert Zustimmung – Wie geht es nun weiter?, in: https://www.haufe.de/compliance/recht-politik/hinweisgebersysteme-und-die-eu-whistleblower-richtlinie_230132_528700.html, abgerufen am 24. 2. 2023.

Bodenstein, R./Herget, J. (2022), Consulting Governance. Strukturen, Prozesse und Regeln für erfolgreiche Beratungsprojekte, Berlin.

Brandt, V./Fauck, H./Hlavica, Christian, Kiehne, Nina/Kopov, S./Thomann, D. (2016), Anti-Fraud Management als Risikomanagementdisziplin. In: *Hlavica, C.* (Hrsg.),

Tax Fraud & Forensic Accounting. Umgang mit Wirtschaftskriminalität, 2. Aufl., Wiesbaden, S. 339–374.

Cadbury, A. (2000), Corporate Governance: A Framework for Implementation. In: *Iskander, M. R./Chamlou, N.* (Hrsg.), Corporate Governance: A Framework for Implementation, S. 3–4.

Cappel, A./Hund, C. (2022), Wirtschaftsstrafrechtliche Erkenntnisse und Lehren aus dem Fall „Wirecard" – ein Schlag ins Gesicht für die Compliance-Bemühungen deutscher Unternehmen? In: *Karami, B.* (Hrsg.), Skandalfall Wirecard: Eine wissenschaftlichfundierte interdisziplinäre Analyse. Problemaufriss – Rechtsrahmen – Lehren für die Zukunft, Frankfurt a.M., S. 413–436.

Colneric, N./Gerdemann, S. (2020), Die Umsetzung der Whistleblower-Richtlinie in deutsches Recht. Rechtsfragen und rechtspolitische Überlegungen, Frankfurt am Main.

Conrad, C. A. (2020), Wirtschaftsethik. Eine Voraussetzung für Produktivität, 2. Aufl., Wiesbaden, Heidelberg.

Ernst & Young (2016), Existing Practice in Compliance 2016. Stand und Trends zum Integritäts- und Compliance-Management in Deutschland, Österreich und der Schweiz.

Europäische Kommission (2017), Estimating the Economic Benefits of Whistleblower Protection in Public Procurement, https://minhalexander.files.wordpress.com/2018/06/estimating-the-economic-benefits-of-whistleblower-protection-in-public-procurement-et0117799enn-en-1.pdf.

Fistanic, M. (2023), Arbeitsrechtliche Perspektive auf das Hnweisgeberschutzgesetz (HinSchG), in: https://legaltegrity.com/arbeitsrecht-hinweisgeberschutzgesetz/, abgerufen am 24. 2. 2023.

Gao, J./Greenberg, R./Wong-On-Wing, B. (2015), Whistleblowing Intentions of Lower-Level Employees: The Effect of Reporting Channel, Bystanders, and Wrongdoer Power Status, Journal of Business Ethics, 126. Jg., Nr. 1, S. 85–99.

Gao, L./Brink, A. G. (2017), Whistleblowing studies in accounting research. A review of experimental studies on the determinants of whistleblowing, Journal of Accounting Literature, S. 1–13.

Glaser, C. (2022), Risikomanagement im Leasing. Grundlagen, rechtlicher Rahmen und praktische Umsetzung, 3. Aufl., Wiesbaden, Heidelberg.

Grabosch, R./Scheper, C. (2015), Die menschenrechtliche Sorgfaltspflicht von Unternehmen. Politische und rechtliche Gestaltungsansätze, in: https://library.fes.de/pdf-files/iez/11623-20150925.pdf, abgerufen am 15. 2. 2023.

Graeff, P./Steßl, A. (2017), Effektive Compliance: Ursachen, Hindernisse und Lösungsvorschläge. In: *Stark, C.* (Hrsg.), Korruptionsprävention. Klassische und ganzheitliche Ansätze, Wiesbaden, Heidelberg, S. 145–161.

Haasler, A. (2019), Compliance. In: *Abeln, C.* (Hrsg.), Handbuch für Führungskräfte. Ein Praxisratgeber in Veränderungsprozessen, 3. Aufl., Wiesbaden, Heidelberg, S. 157–178.

Hansch, J. (2021), Corporate Governance für internationale Konzerne, Berlin, Heidelberg.

Hauser, C./Bretti-Rainalter, J./Blumer, H. (2021), Whistleblowing Report 2021, https://www.integrityline.com/de-ch/knowhow/white-paper/whistleblowing-report/.

Helmold, M./Dathe, R./Dathe, T./Groß, D.-P./Hummel, F. (2020), Corporate Social Responsibility im internationalen Kontext. Wettbewerbsvorteile durch nachhaltige Wertschöpfung, Wiesbaden, Heidelberg.

Hiller, M. (2019), Ziele und Aufgabenfelder des Compliance Managements, Studienbrief der SRH Fernhochschule Riedlingen, 1.Auflage, Riedlingen.

Hölters, W. (2017), Aktiengesetz Kommentar, 3. Aufl., München.

Janke, S. (2015), CSR und nachhaltige Korruptionsprävention (978-3-662-44119-0_S1, S. 11). In: *Walden, D./Depping, A.* (Hrsg.), CSR und Recht. Juristische Aspekte nachhaltiger Unternehmensführung erkennen und verstehen, Berlin, Heidelberg, S. 235–278.

Jensen, M. C./Meckling, W. H. (1976), Theory of the firm. Managerial behavior, agency costs and ownership structure, Journal of financial economics, S. 305–360.

Jubb, P. B. (1999), Whistleblowing: A Restrictive Definition and Interpretation, Journal of Business Ethics, Nr. 21, S. 77–94.

Karami, B. (2022), Wirecard: Das kollektive Kontrollversagen – ein Fall für die Lehrbücher. In: *Karami, B.* (Hrsg.), Skandalfall Wirecard: Eine wissenschaftlichfundierte interdisziplinäre Analyse. Problemaufriss – Rechtsrahmen – Lehren für die Zukunft, Frankfurt a.M., S. 1–86.

Keenan, J. P. (1990), Upper-level managers and whistleblowing: determinants of perceptions of company encouragement and information about where to blow the whistle, Journal of Business and Psychology, 5. Jg., Nr. 2, S. 223–235.

Keenan, J. P. (2002a), Comparing Indian and American Managers on Whistleblowing, Employee Responsibilities and Rights Journal, Nr. 14, S. 79–89.

Keenan, J. P. (2002b), Whistleblowing: A Study of Managerial Differences, Employee Responsibilities and Rights Journal, 14. Jg., Nr. 1, S. 17–32.

Kenny, K./Bushnell, A. (2020), How to Whistle-Blow: Dissensus and Demand, Journal of Business Ethics, 164. Jg., Nr. 4, S. 643–656.

Kenny, K./Fotaki, M. (2023), The Costs and Labour of Whistleblowing: Bodily Vulnerability and Post-disclosure Survival, Journal of Business Ethics, 182. Jg., Nr. 2, S. 341–364.

Koch, C. (2022), Corporate Governance case by case, 3. Aufl., Frankfurt.

Kölbel, R. (2014), Criminal Compliance – ein Missverständnis des Strafrechts?, in: https://www.degruyter.com/document/doi/10.1515/zstw-2013-0025/html, abgerufen am 18. 2. 2023.

Krämer, G. (2020), Compliance. In: *Gramlich, L./Gluchowski, P./Horsch, A./Schäfer, K./Waschbusch, G.* (Hrsg.), Gabler Banklexikon, 15. Aufl., Wiesbaden, Heidelberg, S. 445–446.

Kreipl, C. (2020), Verantwortungsvolle Unternehmensführung. Corporate Governance, Compliance Management und Corporate Social Responsibility, Wiesbaden, Heidelberg.

Kreßel, E. (2018), Compliance und Personalarbeit - Rechtliche Rahmenbedingungen bei der Verankerung von Compliance in der Personalarbeit, Neue Zeitschrift für Gesellschaftsrecht, S. 841–851.

Lee, G./Fargher, N. (2013), Companies' Use of Whistle-Blowing to Detect Fraud: An Examination of Corporate Whistle-Blowing Policies, Journal of Business Ethics, 114. Jg., Nr. 2, S. 283–295.

Luburic, R./Perovic, M./Sekulovic, R. (2015), Quality Management in terms of strengthening the „Three Lines of Defence" in Risk Management - Process Approach, International Journal for Quality Research, 9. Jg., Nr. 2, S. 243–250.

Mallin, C. A. (2013), Corporate governance, 4. Aufl., Oxford.

Martens, A./Kleinfeld, A. (2018), CSR und Compliance im Kontext ihrer Bedeutungsentwicklung. In: *Kleinfeld, A./Martens, A.* (Hrsg.), CSR und Compliance. Synergien nutzen durch ein integriertes Management, Berlin, Heidelberg, S. 3–34.

McNulty, J. P./Knox, J./Harned, P. (2013), What an Effective Corporate Compliance Program Should Look Like, Journal of Law, Economics & Politics, 9. Jg., S. 375–398.

Methner, O./Reiter, J. (2018), Rechtliche Rahmenbedingungen für CSR und Compliance in deutschen Unternehmen. In: *Kleinfeld, A./Martens, A.* (Hrsg.), CSR und Compliance. Synergien nutzen durch ein integriertes Management, Berlin, Heidelberg, S. 49–62.

Miceli, M. P./Near, J. P. (1992), Blowing the whistle. The Organizational and Legal Implications for Companies and Employees, New York.

Mondello, E. (2022), Corporate Finance. Theorie und Anwendungsbeispiele, Wiesbaden.

Monks, R. A. G./Minow, N. (2011), Corporate governance, 5. Aufl., Chichester.

Near, J. P./Miceli, M. P. (1985), Organizational Dissidence: The Case of Whistle-Blowing, Journal of Business Ethics, Nr. 4, S. 1–16.

Near, J. P./Miceli, M. P. (2005), Standing up or standing by: What predicts blowing the whistle on organizational wrongdoing? In: *Martocchio, J. J.* (Hrsg.), Research in Personnel and Human Resources Management, Volume 24, Burlington, S. 95–136.

Paul, R. J./Townsend, J. B. (1996), Don't kill the messenger! Whistle-blowing in America — A review with recommendations, Employee Responsibilities and Rights Journal, 9. Jg., Nr. 2, S. 149–161.

Regierungskommission (2022), Deutscher Corporate Governance Index, in: https:// www.dcgk.de//files/dcgk/usercontent/de/download/kodex/220627_Deutscher_ Corporate_Governance_Kodex_2022.pdf, abgerufen am 18. 2. 2023.

Rohde-Liebenau, B. (2005), Whistleblowing: Beitrag der Mitarbeiter zur Risikokommunikation.

Rudkowski, L. (2022), Aufklärung von Compliance-Verstößen. Whistleblowing, Arbeitnehmerüberwachung, Auskunftspflichten, 3. Aufl., Wiesbaden.

Rudkowski, L./Schreiber, A. (2018), Aufklärung von Compliance-Verstößen. Whistleblowing, Arbeitnehmerüberwachung, Auskunftspflichten, 2. Aufl., Wiesbaden, Heidelberg.

Schellinger, J./Berchtold, P./Tokarski, K. O. (2019), Nachhaltige Unternehmensführung: Leitprinzip und Handlungsfelder in der Praxis. In: *Tokarski, K. O./Schellinger, J./Berchtold, P.* (Hrsg.), Nachhaltige Unternehmensführung, Wiesbaden, S. 1–11.

Schenz, R./Eberhartinger, M. (2004), Corporate Governance Codes. In: *Guserl, R./Pernsteiner, H.* (Hrsg.), Handbuch Finanzmanagement in der Praxis, Wiesbaden, s.l., S. 33–56.

Schmiedeknecht, M. H. (2018), Überblick: Instrumente des CSR- und Compliancemanagements in der Praxis. In: *Kleinfeld, A./Martens, A.* (Hrsg.), CSR und Compliance. Synergien nutzen durch ein integriertes Management, Berlin, Heidelberg, S. 159–170.

Schuchter, A. (2017), Wirtschaftskriminalität und Prävention. Wie Führungskräfte Täterwissen Einsetzen Können, Wiesbaden.

Schulz, M. R. (2017), Compliance-Management im Unternehmen. Strategie und praktische Umsetzung, Frankfurt am Main.

Schuster, J./Rapp, B. (2016), Innerbetriebliche Compliance-Organisation. In: *Schmola, G./Rapp, B.* (Hrsg.), Compliance, Governance und Risikomanagement im Krankenhaus. Rechtliche Anforderungen - praktische Umsetzung - nachhaltige Organisation, Wiesbaden, S. 25–58.

Schwartz, T./Seitz, N. (2014), Compliance in der Unternehmerpraxis. In: *Schettgen-Sarcher, W./Bachmann, S./Schettgen, P.* (Hrsg.), Compliance officer. Das Augsburger Qualifizierungsmodell, Wiesbaden, S. 283–296.

Shleifer, A./Vishny, R. W. (1997), A Survey of Corporate Governance, The Journal of Finance, 52. Jg., Nr. 2, S. 737–783.

Singer, M./Mitchell, S./Turner, J. (1998), Consideration of Moral Intensity in Ethicality Judgements: Its Relationship with Whistle-blowing and Need-for-Cognition, Journal of Business Ethics, Nr. 17, S. 527–541.

Singh, N./Bussen, T. J. (2015), Compliance Management. A How-to Guide for Executives, Lawyers, and Other Compliance Professionals, Santa Barbara.

Smaili, N./Arroyo, P. (2019), Categorization of Whistleblowers Using the Whistleblowing Triangle, Journal of Business Ethics, 157. Jg., Nr. 1, S. 95–117.

Stiglbauer, M. (2010), Corporate Governance Berichterstattung und Unternehmenserfolg. Eine empirische Untersuchung für den deutschen Aktienmarkt.

Tavakoli, A. A./Keenan, J. P./Crnjak-Karanovic, B. (2003), Culture and Whistleblowing An Empirical Study of Croatian and United States Managers Utilizing Hofstede's Cultural Dimensions, Journal of Business Ethics, 43. Jg., S. 49–63.

Teo, H./Caspersz, D. (2011), Dissenting Discourse: Exploring Alternatives to the Whistleblowing/Silence Dichotomy, Journal of Business Ethics, 104. Jg., Nr. 2, S. 237–249.

Theusinger, I./Jung, O. (2018), Corporate Compliance in der GmbH. In: *Römermann, V.* (Hrsg.), Münchener Anwalts-Handbuch GmbH-Recht, 4. Aufl., München, Rn.1-112.

Transparency International Deutschland (2022), Whistleblowing – Das Schweigen durchbrechen, Scheinwerfer, 27. Jg.

Vandekerckhove, W. (2021), Kenny's Whistleblowing and Stanger's Whistleblowers, Philosophy of Management, 20. Jg., Nr. 1, S. 93–98.

Vandekerckhove, W./Lewis, D. (2012), The Content of Whistleblowing Procedures: A Critical Review of Recent Official Guidelines, Journal of Business Ethics, 108. Jg., Nr. 2, S. 253–264.

Vetter, E. (2008), Compliance in der Unternehmerpraxis. In: *van Laak, H.* (Hrsg.), Compliance in der Unternehmerpraxis. Grundlagen, Organisation und Umsetzung, S. 29–42.

Vinten, G. (1992), Whistleblowing auditors—The ultimate betrayal?, International Journal of Value-Based Management, 5. Jg., Nr. 1, S. 49–76.

Vögele, C./Baudermann, L. (2016), Whistleblowing zwischen Zivilcourage und Denunziantentum. Eine Frame-Analyse zur Berichterstattung über Whistleblowing in deutschen und deutschschweizerischen Printmedien, Medien & Kommunikationswissenschaft, 64. Jg., Nr. 4, S. 518–541.

Weber, B. (2016), Rechtliche Herausforderungen durch Compliance. In: *Schmola, G./Rapp, B.* (Hrsg.), Compliance, Governance und Risikomanagement im Krankenhaus. Rechtliche Anforderungen - praktische Umsetzung - nachhaltige Organisation, Wiesbaden, S. 3–24.

Wolf, S. (2015), CSR im Arbeitsrecht: Nachhaltiges Human Resource Management als Basis der CSR-Strategie. In: *Walden, D./Depping, A.* (Hrsg.), CSR und Recht. Juristische Aspekte nachhaltiger Unternehmensführung erkennen und verstehen, Berlin, Heidelberg, S. 143–172.

Zeisel, S. (2021), Lieferkettengesetz. Sorgfaltspflichten in der Supply Chain verstehen und umsetzen, Wiesbaden, Heidelberg.

Zöllner, W./Noack, U. (2017), GmbHG § 35 Vertretung der Gesellschaft. In: *Baumbach, A./Hueck A* (Hrsg.), Gesetz betreffend die Gesellschaften mit beschränkter Haftung, 21. Aufl., München, RN. 66-67.

Zubrod, A.-K. (2018), Compliance in den Sustainable Development Goals. In: *Kleinfeld, A./Martens, A.* (Hrsg.), CSR und Compliance. Synergien nutzen durch ein integriertes Management, Berlin, Heidelberg, S. 139–158.